yukismart.com/b/65aeb6
AF365374
1
2

1

een

หนึ่ง

nueng

ananas

สับปะรด

sapparot

gitaar

กีตาร์

kita

2

twee

สอง

song

dinosaurussen
ไดโนเสาร์
dainosao

tweeling
ฝาแฝด
fafaet

3

drie

สาม

sam

zeesterren

ปลาดาว

pladao

perziken

พีช

phicha

4

vier
สี
si

kersen
เชอร์รี
choeri

robots
หุ่นยนต์
hunyon

vijf

ห้า

ha

vingers

นิ้ว

nio

potloden

ดินสอ

dinso

6

zes

หก

hok

snoepjes

ลูกอม

luk-om

harten

หัวใจ

huachai

7

zeven

เจ็ด

chet

schelpen

เปลือกหอย

plueakhoi

blokken

บล็อก

blok

8

acht

แปด

paet

mieren

มด

mot

bloemen

ดอกไม้

dokmai

9

negen

เก้า

kao

vissen

ปลา

pla

knopen

กระดุม

kradum

10

tien

สิบ

sip

kaarsen

เทียน

thian

eieren

ไข่

khai

even

เลขคู่

lekkhu

oneven

เลขคี่

lekkhi

heel

ทั้งหมด

thangmot

half

ครึ่ง

khrueng

rood

แดง

daeng

paraplu

ร่ม

rom

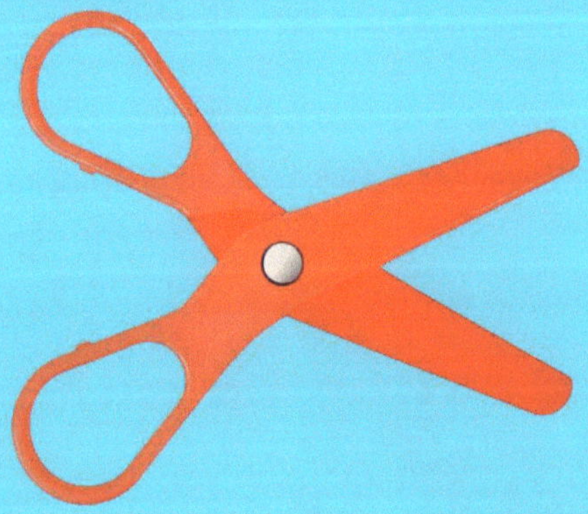

schaar

กรรไกร

kankrai

geel

เหลือง

lueang

banaan

กล้วย

kluai

kaas

ชีส

chit

groen
เขียว
khiao

groenten
ผัก
phak

fles
ขวด
khuat

grijs

เทา

thao

tapijt

พรม

phrom

veer

ขนนก

khon nok

oranje

ส้ม

som

pompoen

ฟักทอง

fakthong

sinaasappelsap

น้ำส้ม

namsom

wit
ขาว
khao

beker
ถ้วย
thuai

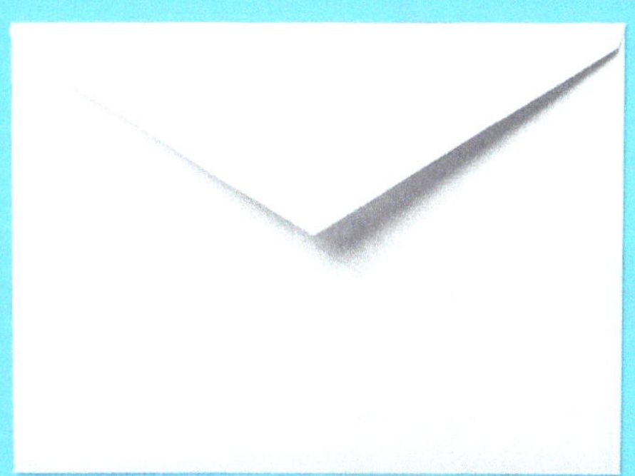

enveloppe
ซองจดหมาย
songchotmai

zwart
ดำ
dam

bril
แว่นตา
waenta

shirt
เสื้อเชิ้ต
sueachoet

bruin

น้ำตาล

namtan

viool

ไวโอลิน

wai-olin

taart

เค้ก

khek

blauw

ฟ้า

fa

zwembroek

กางเกงว่ายน้ำ

kangkeng wainam

zwembril

แว่นตาว่ายน้ำ

waenta wainam

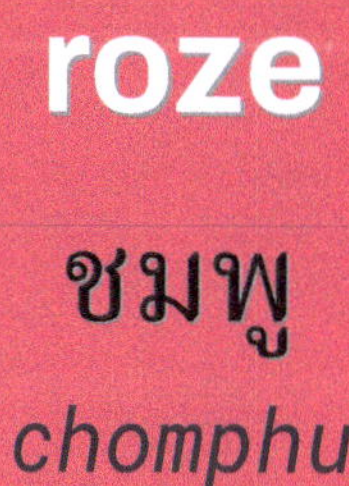

roze

ชมพู

chomphu

ijsje

ไอศกรีม

aisakrim

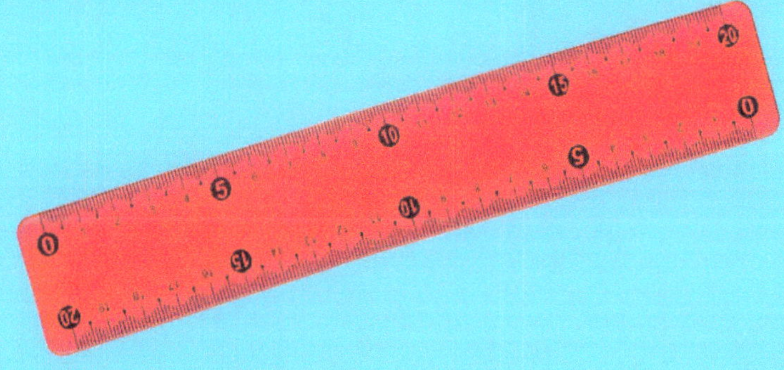

liniaal

ไม้บรรทัด

maibanthat

paars
ม่วง
muang

dobbelstenen
ลูกเต๋า
luktao

waaier
พัด
phat

lichte kleuren

สีอ่อน

si-on

donkere kleuren

สีเข้ม

si khem

cirkel
วงกลม

wongklom

vierkant
สี่เหลี่ยมจัตุรัส

siliamchatturat

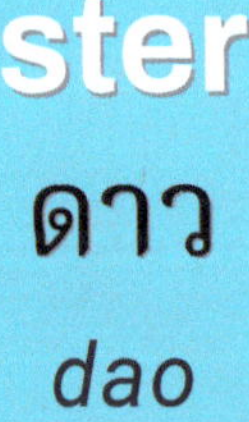

ster
ดาว

dao

hart
หัวใจ

huachai

halve maan
เสี้ยว

siao

driehoek
สามเหลียม

samliam

rechthoek
สี่เหลียมผืนผ้า

siliamphuenpha

ovaal
วงรี

wongri

druppel

หยดน้ำ

yotnam

kruis

กากบาท

kakabat

kubus

ลูกบาศก์

lukbat

bol

ทรงกลม

songklom

ring
วงแหวน
wongwaen

klaverblad
ใบไม้สามแฉก
baimai sam chaek

cilinder
ทรงกระบอก
songkrabok

hoorntje
กรวย
kruai

lijn

เส้น

sen

pijl

ลูกศร

lukson

stippen

จุด

chut

zigzag

ซิกแซก

siksaek

boog

เส้นโค้ง

senkhong

spiraal

เกลียว

kliao

tekenen

วาด

wat

schilderen

ระบาย

rabai

tellen

นับ

nap

schrijven

เขียน

khian

klein
เล็ก
lek

groot
ใหญ่
yai

muis
หนู
nu

olifant
ช้าง
chang

kort

ส้น

san

lang

ยาว

yao

worm

หนอน

non

slang

งู

ngu

dun
บาง
bang

dik
หนา
na

leeg

ว่างเปล่า

wangplao

vol

เต็ม

tem

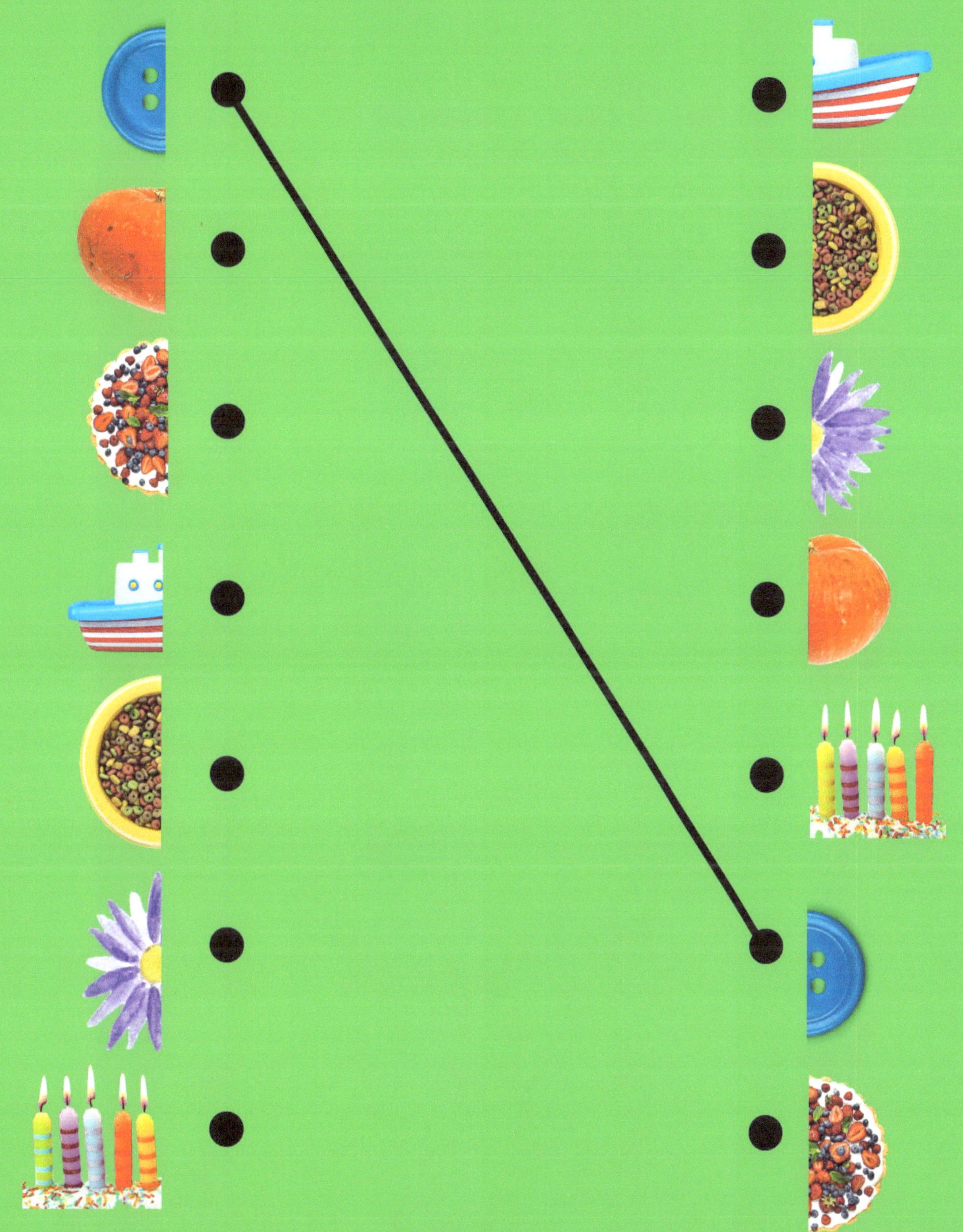